中国工会十七大精神学习手册

中国工人出版社

| 个 人 资 料 |

■姓名：______________________

■单位：______________________

■电话：______________________

■手机：______________________

■邮箱：______________________

■联系地址：__________________

____

■邮政编码：__________________

■其他重要号码：______________

目　录

CONTENTS

扫一扫二维码查看中华人民共和国工会法（全文）

扫一扫二维码查看中国工会章程（全文）

以习近平新时代中国特色社会主义思想为指导 团结动员亿万职工为决胜全面建成小康社会 夺取新时代中国特色社会主义伟大胜利而奋斗

——在中国工会第十七次全国代表大会上的报告

（2018年10月22日）

王东明

各位代表，同志们：

现在，我代表中华全国总工会第十六届执行委员会向大会作报告，请予审议。

中国工会第十七次全国代表大会，是在我国进入全面建成小康社会决胜阶段、中国特色社会主义进入新时代召开的一次重要会议。大会的主题是：以习近平新时代中国特色社会主义思想为指导，坚持走中国特色社会主义工会发展道路，忠诚党的事业，竭诚服务职工，团结动员亿万职工为决胜全面建成小康社会、夺取新时代中国特色社会主义伟大胜利而奋斗。

一、过去五年工会工作的重要成就

党的十八大以来，以习近平同志为核心的党中央团结带领全党全国各族人民，统筹推进“五位一体”总体布局、协调推进“四个全面”战略布局，党和国家事业取得历史性成就、发生历史性变革，中国特色社会主义进入了新时代。在这一伟大历史进程中，全国亿万职工以高度的主人翁责任感和历史使命感，凝心聚力、砥砺奋进，为推进中国特色社会主义伟大事业作出了重要贡献。

习近平总书记始终关心重视工人阶级和工会工作，领导召开党的历史上第一次中央党的群团工作会议，指导制定加强和改进党的群团工作的意见、产业工人队伍建设改革方案和全总改革试点方案等，亲临全总机关与劳模代表座谈、给劳模本科班学员回信，每到一地考察都深入基层看望劳模、慰问职工，围绕工人阶级和工会工作多次发表重要讲话、作出重要指示，为充分发挥工人阶级主力军作用、推进党的工运事业和工会工作指明了方向。中国工会十六大以来的五年，各级工会把学习宣传贯彻习近平新时代中国特色社会主义思想和党的十八大、十九大精神作为首要政治任务，认真学习贯彻习近平总书记关于工人阶级和工会工作的重要论述，坚持走中国特色社会主义工会发展道路，把握为实现中华民族伟大复兴的中国梦而奋斗的工人运动时代主题，忠诚履职、积极作为，各项工作取得了显著成效。这五年，是工会组织和工会工作政治性、先进性、群众性进一步增强的五年，是维权服务工作不断推进的五年，是工会深化改革锐意进取的五年，是工会系统党的建设持续加强的五年，是工会在党和国家工作大局中作用有力彰显的五年。

（一）切实加强对职工的思想政治引领，党执政的阶级基础和群众基础更加巩固。

各级工会把团结引导职工听党话、跟党走作为重要政治责任，提升政治站位、加强理论武装，深化学习教育、层层培训宣讲，推动习近平新时代中国特色社会主义思想进工会院校、进基层一线、进工会干部和广大职工头脑。广泛开展“中国梦·劳动美——永远跟党走”“喜迎党的十九大”等主题宣传教育活动，通过职工大讲堂、劳模工匠宣讲团等，加大宣传阐释力度，覆盖职工超过 3 亿人次。坚决贯彻落实意识形态工作责任制，加强和改进职工思想政治工作，加强职工职业道德建设，扎实开展精神文明创建活动，积极培育职工文化，建设职工书屋 10 万多家，辐射职工 6000 万人以上，引导职工践行社会主义核心价值观。各级工会干部和广大职工切实增强“四个意识”，坚定“四个自信”，对习近平新时代中国特色社会主义思想高度认同，对习近平总书记作为党的核心、军队统帅、人民领袖衷心拥护，对中华民族伟大复兴的光明前景充满信心，在思想上政治上行动上同以习近平同志为核心的党中央保持高度一致。

（二）大力弘扬劳模精神、劳动精神、工匠精神，工人阶级在实现中国梦中的主力军作用充分发挥。

贯彻落实新发展理念，组织职工先后开展“当好主力军、建功‘十二五’”“践行新理念、建功‘十三五’”“当好主人翁、建功新时代”等主题劳动和技能竞赛，在“一带一路”建设、京津冀协同发展、长江经济带发展等国家重大战略中展示风采，在港珠澳大桥、“蛟龙”、神舟、高铁、大飞机等重大工程中攻坚克难，在打赢防范化解重大风险、精准脱贫、污染防治三大攻坚战中献计出力，在深化供给侧结构性改革、振兴实体经济、推动经济高质量发展中展现作为，在实施创新驱动发展战略中勇立潮头。五年来，参加基层企事业工会开展的劳动和技能竞赛的职工达 5.2 亿人次，提出合理化建议 6224.6 万件，实现技术革新 349.0 万项。开展“中国梦·大国工匠篇”“大国工匠进校园”主题宣传，选树“金牌工人”“首席技师”“首席员工”271.1万人次，县级及县级以上地方工会命名劳模创新工作室1.8万家，7项一线技术工人创新成果荣获国家科技进步奖，叫响做实“大国工匠”品牌，推动形成尊重劳动、崇尚技能、鼓励创造的社会风尚。

（三）扎实推进产业工人队伍建设改革，工人阶级先进性不断增强。

中共中央、国务院首次出台《新时期产业工人队伍建设改革方案》。按照党中央部署，全总牵头、会同有关部门，研究制定方案并组织落实，推动建设一支有理想守信念、懂技术会创新、敢担当讲奉献的宏大的产业工人队伍。着眼构建产业工人技能形成体系，创新技能导向的激励机制，推动出台《关于提高技术工人待遇的意见》等政策。加强职工技能培训，五年来，3463.8万人次参加基层以上工会开展的技术培训。重视满足产业工人的精神文化需求，产业工人队伍精神面貌焕然一新，在引领社会风尚中发挥了积极作用。

（四）深入开展维权服务工作，职工群众获得感、幸福感、安全感大幅提升。

高举维护职工合法权益的旗帜，围绕职工最关心最直接最现实的利益问题开展工作。协助党委和政府做好供给侧结构性改革中职工转岗安置、劳动关系处置、再就业培训、创业带动就业等工作。积极参与涉及职工利益法律法规政策的制定修改，职工合法权益得到制度性保障。开展集体协商攻坚活动，推动平等协商和集体合同扩面提质增效，坚持和完善以职工代表大会为基本形式的企事业单位民主管理制度，开展以“安康杯”竞赛为载体的群众性安全生产和职业健康活动。推进女职工维权服务工作，女职工合法权益和特殊利益进一步得到维护。创新农民工维权服务工作，推动农民工欠薪问题解决，提升农民工职业技能，农民工权益进一步实现。贯彻落实中共中央、国务院印发的《关于构建和谐劳动关系的意见》，深入开展和谐劳动关系创建活动。大力推进城市困难职工解困脱困工作，拓展困难职工帮扶中心功能，实施“四个一批”、精准帮扶，实现送温暖、金秋助学、阳光就业、职工医疗互助保障等工作常态化、长效化。五年来，各级工会累计筹集帮扶资金200亿元，帮助242万户的困难职工家庭脱困。加强工会援疆援藏工作，提升对口帮扶针对性实效性。积极推动源头治理劳动关系矛盾，参与劳动争议处理，开展工会劳动法律监督和法律援助工作，推进工会联系引导劳动关系领域社会组织工作，维护劳动关系领域政治安全。

（五）持续深化工会改革创新，工会组织吸引力凝聚力战斗力明显增强。

贯彻落实《中共中央关于加强和改进党的群团工作的意见》和中央党的群团工作会议精神，全总作为中央群团机关改革试点单位，紧紧围绕保持和增强政治性、先进性、群众性，先行先试、勇于创新，上海、重庆市工会在群团改革试点中，有力有序推进改革，取得了阶段性成效，创造了一批可复制可推广的经验。各级工会结合实际主动对接、及时跟进，形成了上下联动、左右互动、整体推动的改革局面。工会领导机关精简编制，提高领导机构中劳模和一线职工代表比例，建立专职为主、兼职与挂职相结合的工会干部队伍，增强了工会组织的广泛性和代表性。以非公有制经济组织、社会组织、新产业新业态、开发区（工业园区）为重点领域，以农民工、货车司机等群体为重点对象，开展“强基层、补短板、增活力”工作和入会集中行动。积极推进“互联网 +”工会建设，探索普惠职工、网上入会等新方式、新途径，工会组建实现新的突破。目前，全国工会会员总数 3.0 亿人，其中农民工会员 1.4 亿人，基层工会组织 280.9 万个，覆盖单位 655.1 万个。发挥产业工会联系广泛、熟悉产业、直通基层的优势，积极推进各具特色的劳动和技能竞赛、维权服务等工作。改革完善工会资产监督管理体制机制，突出工人文化宫、工会院校、工人疗休养院的公益性、服务性，推动工人文化宫、职工书屋纳入公共文化服务体系。深入开展加强基层工会工作、产业工人队伍建设、保障和改善民生、全国职工队伍状况等重大调研活动，推进联系基层、服务职工长效化机制化建设。

（六）全面加强工会系统党的建设，风清气正的政治生态进一步形成。

建立健全工会系统党建工作责任制和党风廉政建设责任制，切实履行“两个责任”，推动工会全面从严治党向纵深发展。坚持以党章为根本遵循，把党的政治建设摆在首位，严格遵守政治纪律和政治规矩，扎实开展党的群众路线教育实践活动、“三严三实”专题教育、“两学一做”学习教育，增强了工会系统党内政治生活的政治性、时代性、原则性、战斗性。深入推进工会系统党风廉政建设和反腐败工作，多次召开全国工会党风廉政建设工作会议。持之以恒加强作风建设，开展执行中央八项规定精神督查，始终保持整治“四风”的良好势头。自觉接受巡视监督，从严从实抓好巡视整改，发挥纪检组织作用，开展监督执纪问责情况专项检查。严格依法依规管理、使用工会经费和资产，探索构建经审监督体系，织密制度笼子，严防黑洞漏洞。

五年来，工会港澳台工作扎实推进，连续举办海峡两岸工会论坛、海峡职工论坛，与港澳台工会及职工的交流合作不断增进。服务国家总体外交和"一带一路"建设，成功举办二十国集团劳动会议、"一带一路"沿线国家工会国际研讨会、金砖国家工会论坛、上合组织国家职工技能大赛、海上丝绸之路职工研讨营等活动，中国工会代表连续高票当选国际劳工组织工人正理事，进一步发展了同各国工会组织、国际和区域工会组织的双边和多边关系，增进了同各国工人阶级的友谊。

过去五年工会工作取得的成就，是以习近平同志为核心的党中央坚强领导的结果，是各级党委关心重视、加强领导，各级人大、政府、政协和社会各界大力关心支持的结果，是广大工会干部和职工群众共同团结奋斗的结果。我代表中华全国总工会第十六届执行委员会，并以本次大会的名义，向以习近平同志为核心的党中央致以崇高的敬意！向各级党委、人大、政府、政协，向共青团、妇联等群团组织及社会各界，向人民解放军、武警部队和公安干警，表示衷心的感谢！向全国广大职工、工会干部、工会积极分子，向工会历届老领导、老同志，向港澳台工会和职工朋友，向关心和支持中国工运事业的各国朋友，致以诚挚的问候！

在总结成绩的同时，还必须清醒地看到，面对时代发展、社会变化和职工需求带来的新情况新任务，工会工作还存在一些问题和不足，主要有：工会体制机制与劳动关系、职工队伍的新变化还不适应，还滞后于形势发展的需要；工会工作载体和手段还不够丰富，与职工需求存在一定差距，运用互联网开展工作的方式方法不够多；一些工会干部的改革意识和担当精神不够强，深入基层、服务职工的作风不够扎实，处理复杂问题的能力还有不足，做职工群众工作的本领有待增强；上级工会对基层指导服务不够到位，工会基层基础薄弱的短板需要进一步补齐，等等。对此必须高度重视，采取有力措施加以解决。

二、深入学习贯彻习近平新时代中国特色社会主义思想，坚定不移走中国特色社会主义工会发展道路

习近平新时代中国特色社会主义思想，从理论和实践结合上系统回答了新时代坚持和发展什么样的中国特色社会主义、怎样坚持和发展中国特色社会主义这个重大时代课题，是马克思主义中国化最新成果，是党和人民实践经验和集体智慧的结晶，是中国特色社会主义理论体系的重要组成部分，是全党全国各族人民为实现中华民族伟大复兴而奋斗的行动指南，为新时代工运事业和工会工作创新发展提供了根本遵循，是各级工会组织和广大工会干部的强大思想武器。

党的十八大以来，习近平总书记对党的工运事业和工会工作高度重视，深刻阐明了工会工作的地位作用、目标任务、实践需求，科学回答了工人阶级和工会工作的一系列方向性、根本性、战略性重大问题，形成了习近平总书记关于工人阶级和工会工作的重要论述。主要有：

——坚持党对工会工作的领导。强调中国共产党领导是中国特色社会主义最本质特征，是中国特色社会主义制度的最大优势，党是领导一切的。做好群众工作，保持党同人民群众的血肉联系，是全党重大而紧迫的政治任务。工会工作是党的群团工作、群众工作的重要组成部分，是党治国理政的一项经常性、基础性工作。各级党委要加强和改进对工会的领导，注重发挥

工会组织的作用，加大对工会工作的支持保障力度，为工会工作创造更加有利的条件。这是做好工会工作的政治原则和根本保证。

——坚持全心全意依靠工人阶级。强调工人阶级是我们党最坚实最可靠的阶级基础，是我国的领导阶级。坚持和发展中国特色社会主义，必须巩固工人阶级的领导阶级地位，充分发挥工人阶级的主力军作用。全心全意依靠工人阶级要贯彻到党和国家政策制定、工作推进全过程，落实到企业生产经营各方面，做到在政治上保证、制度上落实、素质上提高、权益上维护，更好地把广大职工群众紧紧团结在党和政府周围。这是党和国家始终坚持的根本方针。

——坚持为实现中华民族伟大复兴的中国梦而奋斗。强调实现中华民族伟大复兴，是中华民族近代以来最伟大的梦想，根本上要靠包括工人阶级在内的全体人民的劳动、创造、奉献。工会要牢牢抓住这个主题，把推动科学发展、实现稳中求进作为发挥作用的主战场，建设知识型、技能型、创新型劳动者大军，在改革发展稳定第一线建功立业。这是我国工人运动的时代主题。

——坚持中国特色社会主义工会发展道路。强调中国特色社会主义工会发展道路是中国特色社会主义道路的重要组成部分，深刻反映了中国工会的性质和特点，符合我国国情和历史发展趋势。要始终坚持这条道路，不断拓展这条道路，做到自觉接受党的领导、团结服务职工、依法依章程开展工作相统一，努力使这条道路越走越宽广。这是工运事业和工会工作发展的正确方向。

——坚持弘扬劳模精神、劳动精神、工匠精神。强调要树立劳动最光荣、劳动最崇高、劳动最伟大、劳动最美丽的理念，倡导辛勤劳动、诚实劳动、创造性劳动，尊敬劳动模范，用劳模的干劲、闯劲、钻劲鼓舞更多的人，激励广大劳动群众争做新时代的奋斗者，营造劳动光荣的社会风尚和精益求精的敬业风气。这是引领教育广大职工的重要抓手。

——坚持高举维护职工合法权益旗帜。强调保障职工权益是我国社会主义制度的根本要求，是党和国家的神圣职责，也是发挥广大职工群众积极性、主动性、创造性最重要最基础的工作。工会要坚决维护职工合法权益，把竭诚为职工群众服务作为一切工作的出发点和落脚点。要发挥好协调劳动关系的作用，健全劳动关系协调机制，及时正确处理劳动关系矛盾。这是工会组织的基本职责。

——坚持增强政治性、先进性、群众性的工会改革方向。强调时代在发展，事业在创新，工会工作也要发展、也要创新。加强和改进新形势下工会工作，最重要的是要保持和增强政治性、先进性、群众性。政治性是工会组织的灵魂，先进性是工会工作的重要着力点，群众性是工会组织的根本特点。在建机制、强功能、增实效上下功夫，创新组织体制、运行机制、活动方式、工作方法，让职工群众真正感受到工会是“职工之家”、工会干部是最可信赖的“娘家人”、贴心人，把工会组织建设得更加充满活力、更加坚强有力。这是推进工会工作创新发展的根本要求。

——坚持加强基层工会建设。强调必须以职工为中心、让职工当主角，眼睛向下、面向基层，力量配备、服务资源向基层倾斜，着力扩大覆盖面、增强代表性，着力强化服务意识、提高维权能力，着力加强队伍建设、提升保障水平，切实增强工会组织的凝聚力。最大限度把农民工吸收到工会组织中来，使他们成为工人阶级坚定可靠的新生力量。这是工会工作彰显活力的基础和关键。

习近平总书记关于工人阶级和工会工作的重要论述，意涵深刻、内容丰富，系统完备、科学辩证，是在我国波澜壮阔的工人运动伟大实践中产生的科学理论，具有强大的思想力量、深刻的指导作用、磅礴的实践伟力，其关键是坚持党的领导，根本是增强政治性、先进性、群众性，重点是维护职工权益、服务职工群众。这些重要论述涵盖了工会工作各领域、各方面，把我们党对工运事业和工会工作的规律性认识提升到一个新高度，是对马克思主义劳动学说和工运学说的传承和升华，是习近平新时代中国特色社会主义思想的重要组成部分，是新时代工运事业和工会工作创新发展的理论指导和行动指南。深刻领会和切实践行习近平总书记关于工人阶级和工会工作的重要论述，要求我们必须立足新时代中国特色社会主义的新方位、社会主要矛盾的新变化、共建共治共享社会治理的新格局、全面深化改革的新阶段，把握工会组织新使命、新目标、新要求，在工会各项工作中全面体现、全面落实，形成新的生动实践。

——立足新时代中国特色社会主义新方位，在实现党的十九大描绘的宏伟蓝图中贡献力量。中国特色社会主义进入新时代，这是我国发展新的历史方位。党的十九大描绘了决胜全面建成小康社会、夺取新时代中国特色社会主义伟大胜利的宏伟蓝图，作出了在2020年全面建成小康社会的基础上，分两步走在本世纪中叶建成富强民主文明和谐美丽的社会主义现代化强国的战略安排。这是工人阶级的历史重任，也是工会组织必须肩负的庄严使命。当今世界正处于大发展大变革大调整时期，全球治理体系和国际秩序变革加速推进，我国面临的改革发展稳定任务之重、矛盾风险挑战之多、治国理政考验之大前所未有。这要求工会组织发挥自身政治优势、组织优势、制度优势、群众优势、资源优势，引领职工脚踏实地艰苦奋斗、改革创新，在进行伟大斗争、建设伟大工程、推进伟大事业、实现伟大梦想中，展现新时代奋斗者的新风采。

——**立足社会主要矛盾新变化，在不断满足职工群众美好生活需要中担当作为**。新时代我国社会主要矛盾已经转化为人民日益增长的美好生活需要和不平衡不充分的发展之间的矛盾。适应这一新变化，不断满足职工群众的美好生活需要，成为新时代工会的奋斗目标。当前我国职工队伍规模不断壮大、结构深刻变化、素质逐步提升、权益得到实现，同时在收入分配、利益诉求、价值取向、思想观念等方面呈现日益多样化、差异化的新特征。这要求工会组织坚持以职工为中心的工作导向，深化对职工队伍发展变化特点与规律的认识，研究解决职工在劳动经济、精神文化、民主法治、公平公正、安全环境等方面多样化的需求，协调不同职工群体之间的利益关系，更好促进职工体面劳动、舒心工作、全面发展。

——**立足共建共治共享社会治理新格局，在推动构建中国特色和谐劳动关系中履职尽责**。劳动关系是否和谐，事关经济发展与社会和谐，事关广大职工和企业的切身利益，是加强和创新社会治理的重要内容。随着新一轮科技革命和产业变革不断深入，数字经济、共享经济等新业态蓬勃兴起，企业组织形式、管理模式、生产经营方式及用工方式等发生深刻变化，劳动关系的确立与运行、职工权益的维护和保障面临许多新情况新问题，要求工会组织把推动构建中国特色和谐劳动关系作为工作主线，及时研判劳动关系的新动向、新特征和新问题，积极化解劳动关系矛盾，组织动员职工积极参与社会治理，最大限度增加和谐因素、最大限度减少不和谐因素，构建企业与职工命运共同体，维护职工队伍团结统一与社会和谐稳定，在完善社会治理体制与提高社会治理水平中发挥工会的优势和作用。

——立足全面深化改革新阶段，在构建联系广泛、服务职工的工会工作体系中开拓创新。党的十九大在新的历史起点上对全面深化改革作出战略谋划，党的十九届三中全会对深化党和国家机构改革作出重大部署。改革进入新阶段，将进一步触及深层次利益格局调整和制度体系变革，复杂性、敏感性、艰巨性更加突出。落实改革新任务，要求工会必须以坚定的政治性引导职工，以鲜明的先进性组织职工，以广泛的群众性凝聚职工，组织动员广大职工成为全面深化改革的支持者、参与者、推动者，以更大力度、更实举措推进工会改革创新，增强工会团结教育、维护权益、服务职工功能。

三、今后五年工会工作的主要任务

今后五年工会工作的主要任务是：全面贯彻党的十九大精神，以习近平新时代中国特色社会主义思想为指导，深入学习贯彻习近平总书记关于工人阶级和工会工作的重要论述，坚持走中国特色社会主义工会发展道路，坚定政治方向，凝聚奋进力量；着力推进产业工人队伍建设改革，充分激发职工劳动热情和创造活力；着力做好工会维权服务工作，切实提升职工群众获得感、幸福感、安全感；着力深化工会改革创新，全面增强政治性、先进性、群众性；着力提高工会系统党的建设质量，把工会组织建设得更加充满活力、更加坚强有力。

（一）始终坚持正确政治方向，推动习近平新时代中国特色社会主义思想在工会系统形成生动实践。

坚持正确政治方向，就是要坚持中国共产党领导和我国社会主义制度。各级工会要自觉成为在职工群众中、在基层凝聚人心、坚守前哨、冲锋陷阵的战斗队、工作队，通过扎实有效的工作和活动，把坚持中国共产党领导和我国社会主义制度落实到广大职工群众中去。

把学习宣传贯彻习近平新时代中国特色社会主义思想作为工会组织的重大政治任务，与学习贯彻习近平总书记关于工人阶级和工会工作的重要论述结合起来，健全学习制度、创新学习方式、深化学习效果，组织广大工会干部深刻学习领会其时代背景、科学体系、精神实质、实践要求和重大意义，推动当代中国马克思主义、21 世纪马克思主义深入人心、落地生根，增强政治意识、大局意识、核心意识、看齐意识，坚定对中国特色社会主义的道路自信、理论自信、制度自信、文化自信，坚决维护习近平总书记党中央的核心、全党的核心地位，坚决维护党中央权威和集中统一领导，在政治立场、政治方向、政治原则、政治道路上始终同以习近平同志为核心的党中央保持高度一致，坚定不移听党话、跟党走。

在广大职工中深入进行有特色、接地气的宣讲，发挥工会宣传教育阵地作用，把“大学习”课堂搬到工厂车间、生产一线，引导广大职工始终拥护核心、坚决拥戴领袖，更加紧密地团结在以习近平同志为核心的党中央周围，自觉捍卫中国共产党领导和我国社会主义制度，夯实党执政的阶级基础和群众基础。深化对习近平总书记关于工人阶级和工会工作的重要论述的研究阐释和实践运用，探索和把握新时代工运事业和工会工作特点与规律，推进工会理论创新、实践创新、制度创新，不断丰富和拓展中国特色社会主义工会发展道路，使之在实践中展现出更强大、更有说服力的真理力量。

（二）牢牢把握我国工人运动时代主题，团结动员广大职工以主人翁姿态建功新时代。

我国工人运动的时代主题，是为实现中华民族伟大复兴的中国梦而奋斗。把握这一主题，为实现党的十九大提出的目标任务奋力拼搏，是工人阶级发挥主力军作用、展现主人翁风采的重要体现，是工会组织围绕中心服务大局、体现价值彰显作为的重要途径。

把统一思想、凝聚力量作为工会思想政治工作的重要任务。坚持以社会主义核心价值观引领职工，深化"中国梦·劳动美"主题宣传教育，大力弘扬伟大民族精神和中华优秀传统文化，加强以职业道德为重点的"四德"建设，培育担当民族复兴大任的时代新人。加强宪法学习宣传教育，弘扬宪法精神，维护宪法法律权威。创新思想政治工作方式方法，充分运用职工喜欢和熟悉的时尚元素、话语体系，加快工会传统媒体与新媒体融合发展，提高思想引领水平，掌握工会意识形态工作主导权。加强职工文化建设，深化群众性精神文明创建活动，发挥工会报刊、出版社、职工书屋、职工文艺舞台等文化阵地作用，多提供思想精深、制作精良的文化产品，形成健康文明、昂扬向上的职工文化。

围绕高质量发展深化劳动和技能竞赛。把握稳中求进工作总基调，树立新发展理念，引导职工以国家重大战略、重大工程、重大项目、重点产业等为主攻方向，以"当好主人翁、建功新时代"为主题，广泛深入持久开展多种形式的劳动和技能竞赛。完善以企业岗位练兵和技术比武为基础、以国家和行业竞赛为主体、国内竞赛与国际竞赛相衔接的劳动和技能竞赛体系，丰富竞赛的领域、内涵、方式、机制，突出竞赛的时代特征、区域特色、行业特性和单位特点，积极探索在新产业新业态新组织中开展竞赛，提升职工参与率和受益度。深化创建“工人先锋号”活动，推进班组建设。深入开展技术革新、技术协作、发明创造、合理化建议、网上练兵和“小发明、小创造、小革新、小设计、小建议”等群众性经济技术创新活动，建设全国职工技术创新优秀成果网上展馆，开展职工创新成果评选、展示、交流活动。组织职工积极参与深化供给侧结构性改革，投身三大攻坚战，践行绿色生产生活方式，促进传统产业转型升级和先进制造业加快发展，为建设现代化经济体系、实现高质量发展、建设美丽中国贡献智慧和力量。

扎实推进产业工人队伍建设改革。围绕实施“中国制造2025”，总结推广一批经验做法，推动完善产业工人技能形成体系，改进技能评价方式，畅通产业工人发展通道。推动实施符合技术工人特点的分配制度和长效激励机制，促进多劳者多得、技高者多得，加快职工科技创新成果转化，提升产业工人的政治待遇、经济待遇、社会待遇。大规模开展职业技能培训，提升培训的针对性有效性。组织产业工人参与实施走出去战略和“一带一路”建设。积极履行工会牵头职责，加强统筹协调、分类指导、督促检查，压紧压实改革责任，推进政策衔接和落地。

营造劳动光荣的社会风尚和精益求精的敬业风气。加强劳模和工匠人才创新工作室创建，深化新时代工匠学院建设。创新劳模培养选树和管理服务工作，推动落实劳模政策，加强劳模教育培训，为劳模成长搭建平台、创造条件，做到政治上信任、工作上支持、生活上关心。持续开展学习宣传先进模范和大国工匠系列活动，广泛宣传劳模和大国工匠先进事迹，厚植工匠文化，大力弘扬劳模精神、劳动精神、工匠精神，让诚实劳动、勤勉工作蔚然成风。

（三）切实维护职工合法权益，推动构建和谐劳动关系。

维护职工合法权益是工会的天职。工会要赢得职工群众信赖和支持，必须高举维护职工合法权益的旗帜，扎扎实实解决好职工群众最困难最忧虑最急迫的实际问题，使改革发展成果更多更公平惠及职工群众。

维护职工劳动经济权益。加强源头参与，代表职工主动参与涉及职工利益的法律法规政策的制定修改。推动落实就业优先战略和更加积极的就业政策，深化工会就业创业服务，促进创业带动就业，推动实现更高质量和更充分就业。做好供给侧结构性改革中职工转岗安置等工作，帮助就业困难人员尽快实现稳定就业。督促落实劳动合同制度，推动劳动用工规范管理。以提质增效为重点深化集体协商工作，参与制定行业劳动定额，推动完善企业工资决定、正常增长和支付保障机制，推动健全工资指导线、企业薪酬调查和信息发布等制度，促进职工工资随经济效益和劳动生产率同步增长提高。推动落实职工带薪年休假等制度，建立健全二时协商机制。促进构建多层次社会保障体系，扩大覆盖面，提高保障水平，推动解决职工漏保、断保问题，加强职工医疗互助。健全完善工会农民工维权服务体系，推动落实农民工欠薪报告制度，推动解决拖欠农民工劳动报酬和社保转移接续等问题，逐步实现平等享受城镇基本公共服务。完善工会劳动保护监督机制，深化“安康杯”竞赛活动，深入开展安全生产、职业病防治工作。切实保护女职工合法权益和特殊利益。推动建立适应新业态的用工和社保制度，建立健全互联网平台用工等新就业形态劳动标准体系。

推动完善协调劳动关系制度机制。健全政府和工会联席会议制度，做实省、市、县三级地方及产业的协调劳动关系三方机制，并向乡镇（街道）、经济开发区、高新技术园区延伸。健全以职工代表大会为基本形式的企事业单位民主管理制度体系，进一步向非公有制企业拓展。深化“公开解难题、民主促发展”主题活动，推进厂务公开制度化、规范化，完善职工董事、职工监事制度，推进职工代表素质提升工程，提高企事业单位民主管理工作覆盖面和实效性。推动企事业单位构建内部利益矛盾自主调处机制，把职代会、集体协商、职工董事监事制度等融入企业法人治理结构。深化和谐劳动关系创建活动，充分发挥全国模范劳动关系和谐企业与工业园区的示范作用。深入开展“尊法守法·携手筑梦”服务农民工法治宣传和公益法律服务行动，引导职工依法理性有序表达诉求。推动完善劳动保障监察执法与工会监督联动工作格局，完善工会劳动法律监督“两书”制度，督促企业履行社会责任，引导职工增强守法诚信意识，推动国家诚信体系建设。

参与加强和创新社会治理。推动社会治理制度建设，发挥工会组织的协同作用。加强对劳动关系领域社会组织的政治引领、示范带动和联系服务，通过项目合作、购买服务等社会化、市场化方式，引导社会组织为职工提供专业化服务。加强劳动关系矛盾预防和化解机制建设，总结推广源头治理劳动纠纷经验，建立健全工会、法院、人社、司法联动机制，健全工会劳动关系发展态势监测和分析研判制度，推动建立在线解决机制。积极推动劳动争议处理工作，通过协商、调解、仲裁诉讼等方式依法调处劳动关系矛盾。增强政治敏锐性和政治鉴别力，加强劳动关系领域风险排查化解、应急处置，坚决防止敌对势力煽动渗透破坏，坚决维护职工队伍和工会组织的团结统一，坚决维护企业和社会大局和谐稳定。

（四）提高服务工作质量，更好满足职工群众美好生活需要。

竭诚服务职工群众是工会一切工作的出发点和落脚点。各级工会要坚持职工利益无小事的理念，顺应职工对美好生活的新期待，把工作重心放在广大职工身上，从大处着眼、小处着手，满腔热情做好服务职工工作。

健全服务职工体系。坚持职工需求导向，构建以精准帮扶为重点的工会服务职工体系，提升困难职工帮扶中心（职工服务中心）综合服务职工功能，做实各类职工维权帮扶、保障服务项目。推进“会、站、家”一体化建设，进一步做好工会户外劳动者服务站点建设工作，推行工会服务职工工作项目清单制度，推进“互联网+”工会普惠性服务。深化工会财务改革，构建工会经费普惠职工的保障机制。做优做强工会资产，进一步增强公益性、服务性，更好发挥工人疗休养院、工人文化宫、职工互助保障组织等服务职工的作用。

拓宽服务职工领域。鼓励支持向社会购买服务，确保规范操作、稳妥推进。推动完善职工福利制度，做好职工生活保障服务。加强工会志愿者队伍建设，广泛开展职工志愿服务活动。注重对职工的人文关怀和心理疏导，组织开展职工喜闻乐见的群众性文体活动，在做好物质服务、生活服务的同时提供更高水平的精神和文化服务，让工会在职工需要时能够看得见、找得到、信得过、靠得住，使所有工会组织都成为名副其实的“职工之家”，所有工会干部都成为职工群众信赖的“娘家人”、贴心人。

加强困难职工帮扶和脱贫攻坚工作。分类做好城市困难职工解困脱困工作，推进困难职工帮扶与政府救助、公益慈善力量有机结合，推动建立低保与扶贫有序衔接机制，实现帮扶送温暖常态化、经常化、日常化。把提高解困脱困工作质量放在首位，坚持扶贫同扶志、扶智相结合，让困难职工同步迈入全面小康社会。在打赢脱贫攻坚战中充分发挥工会作用，把工会工作资源手段向贫困地区特别是深度贫困地区倾斜，推进工会系统东西部扶贫协作工作，加强工会对口援疆援藏工作。

（五）深化工会改革创新，不断增强工会工作的动力活力。

改革创新是时代发展的最强音，也是工运事业蓬勃发展的不竭动力。各级工会要聚焦增强政治性、先进性、群众性，进一步优化工会的组织体制、运行机制、管理模式和工作方式，将工会改革进行到底。

上下联动、整体推进工会改革。着眼增强改革的系统性、整体性、协同性，搞好顶层设计，加强与中央和地方机构改革衔接协调，强化优化职能，聚焦主责主业，破解制约工会工作创新发展的制度性障碍，形成联系广泛、服务职工的工会工作体系。适应深化党和国家机构改革新情况，对产业工会设置进行相应调整，根据地方产业发展实际建立健全产业工会组织体系，推进工会事业单位体制机制改革。加强分类指导，把重点放在为下级工会提供更多更好的指导服务上，及时总结推广改革成功经验，推动工会改革顶层设计和基层探索良性互动、有机结合。注重用制度巩固改革成果，把经过实践证明有效的做法上升为制度机制。健全改革督查机制，强化跟踪问效，采取职工满意度测评、第三方评价等方式，完善改革效果评价机制，切实提高职工群众对工会改革的获得感、认可度。

积极建设智慧工会。强化互联网思维，运用大数据、云计算、物联网、人工智能等手段推进工会工作，促进互联网和工会工作融合发展，构建网上工作平台，打造工会工作升级版。推进实施《全国工会网上工作纲要（2017—2020年）》，建设实名动态、全面覆盖、安全共享的工会大数据库，加强互联网内容和舆论阵地建设，充分利用移动客户端、微博、微信，结合“12351”职工服务热线，建立健全工会新媒体矩阵。强化“互联网+”工会顶层设计，加强通用平台建设，推进上下级工会组织间互联互通，逐步形成全总主导、地方跟进、产业参与、协同互动、线上线下有机结合的工会网上工作体系。

不断夯实基层基础。树立大抓基层的鲜明导向，坚持落实到基层、落实靠基层理念，把工作力量、经费使用等进一步向基层倾斜，实现依法建会、开门办会、从严治会、人才兴会。健全乡镇（街道）—村（社区）—企业小三级工会组织体系，做到哪里有职工群众、哪里就要有工会组织，哪里需要做群众工作、工会工作就跟进到哪里。加强县级和中心城市行业工会建设，推进新经济组织、新社会组织、开发区（工业园区）工会建设，加强工会女职工组织建设，提高建会质量。加强走出去企业、“一带一路”建设中海外企业工会工作。强化职工在建会中的主体地位，探索职工网上申请入会等方式，推动工会组织向新兴领域新兴群体延伸。推进基层工会组织和工会会员实名制管理，逐步实现工会组织和工作覆盖精准化。规范集团公司工会组织领导关系和管理体制，坚决制止、纠正随意撤并工会组织和机构、弱化工会地位和作用的行为。

（六）推进工会系统党的建设，为做好新时代工会工作提供坚强保证。

打铁必须自身硬。工会要履行好职责使命，必须首先把自身建设好。要认真贯彻新时代党的建设总要求，以党的政治建设为统领，带动工会自身建设全面推进。

从严从实加强工会系统党的建设。各级工会党组织要认真履行管党治党政治责任，全面加强工会系统党的政治建设、思想建设、组织建设、作风建设、纪律建设，把制度建设贯穿其中，提高工会系统党的建设质量。坚持党建带工建，以提升组织力为重点，突出政治功能，强化工会基层党组织建设。按照党中央统一部署，认真开展“不忘初心、牢记使命”主题教育。扎实推进工会系统党风廉政建设和反腐败工作，以政治巡视为重点，全面深入开展巡视工作，综合运用监督执纪“四种形态”，完善监督机制，聚焦问责追究，巩固落实中央八项规定精神成果。加大工会经费、资产监督管理力度，构建国家审计、工会经审、社会审计、职工会员监督相结合的经审监督体系。

深化工会干部队伍建设。贯彻落实《关于进一步激励广大干部新时代新担当新作为的意见》，完善工会干部培养、交流和使用制度，注重在基层一线和职工群众中培养工会干部，优化干部成长路径，打造专职为主、兼职挂职相结合的干部队伍。建立健全工会干部思想教育、激励保障和考核评价机制，关心爱护基层工会干部。加强工会积极分子队伍建设，扩大社会化工会工作者队伍，推动纳入国家社会工作专业人才队伍体系。建立工会干部系统化培训机制，以基层工会干部为重点大规模开展学习培训，深化“送教到基层”活动，提高培训质量，增强群众工作本领，培养一大批劳动经济、劳动法律、劳动关系、信息技术等方面专门人才，打造一支高素质专业化的工会干部队伍。

驰而不息抓好工会作风建设。大兴调查研究之风，把群众路线作为工会工作的生命线和根本工作路线，深入细致开展调查研究，扑下身子、沉到一线，深入企业、走进职工，力戒"四风"。健全完善基层联系点、与职工结对子同劳动、代表联络、提案办理、工作评价评议等常态化联系职工群众制度，面对面、心贴心、实打实做好职工群众工作。

加强工会港澳台工作和外事工作。充分发挥工会群众性特点，深化同港澳台工会和职工的交流合作，促进港澳长期繁荣稳定和祖国和平统一。高举"和平、发展、合作、工人权益"的旗帜，围绕国家总体外交战略和"一带一路"建设，加强工会和职工对外交流交往，讲好中国故事、中国工人阶级故事、中国工会故事，巩固和扩大我国工会在国际工运领域的话语权、影响力，为推动构建人类命运共同体作贡献。

各位代表、同志们，社会主义是干出来的，新时代也是干出来的。新时代赋予工人阶级新使命，新征程呼唤工会组织新作为。让我们更加紧密地团结在以习近平同志为核心的党中央周围，以习近平新时代中国特色社会主义思想为指导，坚定不移走中国特色社会主义工会发展道路，团结动员亿万职工凝心聚力、开拓进取，为决胜全面建成小康社会、夺取新时代中国特色社会主义伟大胜利、实现中华民族伟大复兴的中国梦而不懈奋斗！

名词解释

职工书屋：是工会面向全国职工开展的一项重要文化工程，是《中华人民共和国公共文化服务保障法》规定的重要公共文化设施服务场所。职工书屋主要建在一线职工包括农民工生产生活相对集中的基层企事业单位、城市社区、工业园区和重点建设项目工地，为广大职工提供方便实用的读书场所和学习条件，满足职工群众的精神文化需求。自 2008 年以来，全国已建成职工书屋 10 万余家，并建成开通电子职工书屋阅读系统，成为工会工作的一项重要品牌。

“当好主人翁、建功新时代”主题劳动和技能竞赛：劳动和技能竞赛是工会组织开展的旨在激发职工主人翁精神、调动职工积极性、团结动员职工投身国家经济建设的一系列活动。根据竞赛内容不同，劳动和技能竞赛可划分为生产型竞赛、智能型竞赛、技能型竞赛三类。根据不同历史时期党和国家发展目标和工人阶级承担的历史使命，全国总工会组织开展了系列主题竞赛。2017 年全总十六届七次执委会作出决议，号召广大职工以“当好主人翁、建功新时代”为主题，广泛深入持久开展各种形式的劳动和技能竞赛，作为激发新时代工人阶级的精气神、彰显新时代主人翁新作为的重要载体，赋予了劳动和技能竞赛新的时代内涵。

产业工人技能形成体系：是指建立和完善包括技能投资制度、技能供应制度、技能评价和资格认证制度、技能使用制度、社会合作制度等在内的保障产业工人技能形成的制度体系。2017 年 4 月，中共中央、国务院印发的《新时期产业工人队伍建设改革方案》提出构建产业工人技能形成体系，旨在有效干预技能形成过程，形成有利于提高产业工人队伍技能水平的体制环境，为实施制造强国战略提供强大的技能支撑和人才保障。

“四个一批”：是指针对不同致困原因的城市困难职工群体采取不同的解困脱困措施开展分类帮扶。针对有劳动能力的困难职工，通过加强技能培训、提供创业援助等方式，以就业创业解困脱困一批；针对因企业欠缴社会保险费或没有落实相关社保待遇的困难职工，将其纳入国家社会保险制度覆盖一批；针对因病致困的职工，推动将其纳入大病保险和医疗互助保险保障一批；针对符合低保条件的困难职工，通过社会救助兜底一批。

马克思主义劳动学说：是指马克思主义关于劳动在人类的生产、人和人类社会的形成和发展中地位和作用的学说。“劳动创造了人本身”，这是马克思主义劳动学说的一条基本论断。

数字经济：是指一个经济系统，在这个系统中，数字技术被广泛使用并由此带来了整个经济环境和经济活动的根本变化。数字经济的本质在于信息化，包括信息技术的产业化、传统产业的信息化、基础设施的信息化、生活方式的信息化等内容。

共享经济：也被称作“分享经济”，是指利用网络信息技术，通过互联网平台，将分散资源进行优化配置，提高利用效率的新型经济形态。其主要特点是，以信息技术为基础的市场平台，所有权与使用权相对分离，供给侧与需求侧弹性匹配、动态实时对接。

“四德”建设：是指社会公德、职业道德、家庭美德、个人品德建设。

群众性经济技术创新活动：又称“职工技术创新活动”，

是指工会组织职工群众开展的劳动和技能竞赛、合理化建议、技术革新、技术协作、发明创造等活动，旨在促进企业技术创新、服务改进、提质降耗、节能减排和加强管理，提高经济效益和工作效率。

劳模和工匠人才创新工作室：是指由具有较强技术能力、业务能力、创新能力、管理能力的劳模和工匠人才领衔，以技术创新、管理创新、服务创新、制度创新为主要内容，以解决工作现场难题、推动所在单位创新发展为目标的群众性创新活动团体。

新就业形态：是指伴随着互联网技术广泛应用、新业态蓬勃发展而出现的平台化、去雇主化的就业模式。2015 年 10 月 29 日党的十八届五中全会公报中首次提出了新就业形态这个概念。

工会劳动法律监督“两书”制度：是指工会劳动法律监督意见书和建议书制度。工会发现用人单位存在违反劳动法律法规规章、侵害职工合法权益行为时，应当依法督促其及时改正，必要时向其发出《工会劳动法律监督意见书》。用人单位未按工会意见改正违法行为的，工会可向同级劳动行政等相关部门发出《工会劳动法律监督建议书》，建议依法查处。

“会、站、家”一体化建设：是指以加强基层工会组织建设和制度建设为基础，把组建工会、建立职工服务中心（站点）、建设职工之家三位一体统一起来，依法规范工会基层组织建设，激发基层工会活力。

智慧工会：是指工会组织通过运用互联网、大数据、云计算、人工智能等先进信息技术构建的工会智能化服务职工体系，突出工会干部的主观能动性和工会工作的精神文化层面，为职工群众提供普惠性、便捷性、精准性、常态化服务，形成线上线下相互融合的工会工作新格局。

新经济组织、新社会组织：简称“两新”组织。新经济组织是指私营企业、外商投资企业、港澳台商投资企业、股份合作企业、民营科技企业、个体工商户、混合所有制经济组织等各类非国有集体独资的经济组织。新社会组织是指社会团体和民办非企业单位的统称。

新兴领域、新兴群体：新兴领域是指与新产业新业态新商业模式等相关的若干领域。新兴群体主要指利用互联网平台等就业的网约车司机、网约送餐员等群体。

社会化工会工作者：主要是指由县级以上地方总工会从社会公开招聘、工资由工会承担发放，定向选派到乡镇（街道）工会、县以下区域（行业性）基层工会联合会等，专职从事工会工作的人员。

中国工会章程

（中国工会第十七次全国代表大会
部分修改，2018年10月26日通过）

总　则

中国工会是中国共产党领导的职工自愿结合的工人阶级群众组织，是党联系职工群众的桥梁和纽带，是国家政权的重要社会支柱，是会员和职工利益的代表。

中国工会以宪法为根本活动准则，按照《中华人民共和国工会法》和本章程独立自主地开展工作，依法行使权利和履行义务。

工人阶级是我国的领导阶级，是先进生产力和生产关系的代表，是中国共产党最坚实最可靠的阶级基础，是改革开放和社会主义现代化建设的主力军，是维护社会安定的强大而集中的社会力量。中国工会高举中国特色社会主义伟大旗帜，以马克思列宁主义、毛泽东思想、邓小平理论、“三个代表”重要思想、科学发展观、习近平新时代中国特色社会主义思想为指导，贯彻执行党的以经济建设为中心，坚持四项基本原则，坚持改革开放的基本路线，保持和增强政治性、先进性、群众性，坚定不移地走中国特色社会主义工会发展道路，推动党的全心全意依靠工人阶级的根本指导方针的贯彻落实，全面履行工会的社会职能，在维护全国人民总体利益的同时，更好地表达和维护职工的具体利益，团结和动员全国职工自力更生、艰苦创业，坚持和发展中国特色社会主义，为全面建成小康社会、把我国建设成为富强民主文明和谐美丽的社会主义现代化强国、实现中华民族伟大复兴的中国梦而奋斗。

中国工会坚持自觉接受中国共产党的领导，承担团结引导职工群众听党话、跟党走的政治责任，巩固和扩大党执政的阶级基础和群众基础。

中国工会的基本职责是维护职工合法权益、竭诚服务职工群众。

中国工会按照中国特色社会主义事业“五位一体”总体布局和“四个全面”战略布局，贯彻创新、协调、绿色、开放、共享的发展理念，把握为实现中华民族伟大复兴的中国梦而奋斗的工人运动时代主题，弘扬劳模精神、劳动精神、工匠精神，动员和组织职工积极参加建设和改革，努力促进经济、政治、文化、社会和生态文明建设；代表和组织职工参与国家和社会事务管理，参与企业、事业单位和机关的民主管理；教育职工践行社会主义核心价值观，不断提高思想道德素质、科学文化素质和技术技能素质，推进产业工人队伍建设改革，建设有理想、有道德、有文化、有纪律的职工队伍，不断发展工人阶级先进性。

中国工会以忠诚党的事业、竭诚服务职工为己任，坚持组织起来、切实维权的工作方针，坚持以职工为本、主动依法科学维权的维权观，促进完善社会主义劳动法律，维护职工的经济、政治、文化和社会权利，参与协调劳动关系和社会利益关系，推动构建和谐劳动关系，促进经济高质量发展和社会的长期稳定，维护工人阶级和工会组织的团结统一，为构建社会主义和谐社会作贡献。

中国工会维护工人阶级领导的、以工农联盟为基础的人民民主专政的社会主义国家政权，协助人民政府开展工作，依法发挥民主参与和社会监督作用。

中国工会在企业、事业单位中，按照促进企事业发展、维护职工权益的原则，支持行政依法行使管理权力，组织职工参加民主管理和民主监督，与行政方面建立协商制度，保障职工的合法权益，调动职工的积极性，促进企业、事业的发展。

中国工会实行产业和地方相结合的组织领导原则，坚持民主集中制。

中国工会坚持以改革创新精神加强自身建设，构建联系广泛、服务职工的工作体系，增强团结教育、维护权益、服务职工的功能，坚持群众化、民主化，保持同会员群众的密切联系，依靠会员群众开展工会工作。各级工会领导机关坚持把工作重点放到基层，着力扩大覆盖面、增强代表性，着力强化服务意识、提高维权能力，着力加强队伍建设、提升保障水平，坚持服务职工群众的工作生命线，全心全意为基层、为职工服务，构建智慧工会，增强基层工会的吸引力凝聚力战斗力，把工会组织建设得更加充满活力、更加坚强有力，成为深受职工群众信赖的学习型、服务型、创新型“职工之家”。

工会兴办的企业、事业，坚持公益性、服务性，坚持为改革开放和发展社会生产力服务，为职工群众服务，为推进工运事业服务。

中国工会努力巩固和发展工农联盟，坚持最广泛的爱国统一战线，加强包括香港特别行政区同胞、澳门特别行政区同胞、台湾同胞和海外侨胞在内的全国各族人民的大团结，促进祖国的统一、繁荣和富强。

中国工会在国际事务中坚持独立自主、互相尊重、求同存异、加强合作、增进友谊的方针，在独立、平等、互相尊重、互不干涉内部事务的原则基础上，广泛建立和发展同国际和各国工会组织的友好关系，积极参与“一带一路”建设，增进我国工人阶级同各国工人阶级的友谊，同全世界工人和工会一起，在推动构建人类命运共同体中发挥作用，为世界的和平、发展、合作、工人权益和社会进步而共同努力。

中国工会落实新时代党的建设总要求，以党的政治建设为统领，全面加强党的建设，增强政治意识、大局意识、核心意识、看齐意识，坚定道路自信、理论自信、制度自信、文化自信，坚决维护习近平总书记党中央的核心、全党的核心地位，坚决维护党中央权威和集中统一领导，在思想上政治上行动上同以习近平同志为核心的党中央保持高度一致。

第一章　会　员

第一条　凡在中国境内的企业、事业单位、机关和其他社会组织中，以工资收入为主要生活来源或者与用人单位建立劳动关系的体力劳动者和脑力劳动者，不分民族、种族、性别、职业、宗教信仰、教育程度，承认工会章程，都可以加入工会为会员。

第二条　职工加入工会，由本人自愿申请，经工会基层委员会批准并发给会员证。

第三条　会员享有以下权利：

（一）选举权、被选举权和表决权。

（二）对工会工作进行监督，提出意见和建议，要求撤换或者罢免不称职的工会工作人员。

（三）对国家和社会生活问题及本单位工作提出批评与建议，要求工会组织向有关方面如实反映。

（四）在合法权益受到侵犯时，要求工会给予保护。

（五）工会提供的文化、教育、体育、旅游、疗休养、互助保障、生活救助、法律服务、就业服务等优惠待遇；工会给予的各种奖励。

（六）在工会会议和工会媒体上，参加关于工会工作和职工关心问题的讨论。

第四条 会员履行下列义务：

（一）认真学习贯彻习近平新时代中国特色社会主义思想，学习政治、经济、文化、法律、科学、技术和工会基本知识等。

（二）积极参加民主管理，努力完成生产和工作任务，立足本职岗位建功立业。

（三）遵守宪法和法律，践行社会主义核心价值观，弘扬中华民族传统美德，恪守社会公德、职业道德、家庭美德、个人品德，遵守劳动纪律。

（四）正确处理国家、集体、个人三者利益关系，向危害国家、社会利益的行为作斗争。

（五）维护中国工人阶级和工会组织的团结统一，发扬阶级友爱，搞好互助互济。

（六）遵守工会章程，执行工会决议，参加工会活动，按月交纳会费。

第五条 会员组织关系随劳动（工作）关系变动，凭会员证明接转。

第六条 会员有退会自由。会员退会由本人向工会小组提出，由工会基层委员会宣布其退会并收回会员证。

会员没有正当理由连续六个月不交纳会费、不参加工会组织生活，经教育拒不改正，应当视为自动退会。

第七条 对不执行工会决议、违反工会章程的会员，给予批评教育。对严重违法犯罪并受到刑事处分的会员，开除会籍。开除会员会籍，须经工会小组讨论，提出意见，由工会基层委员会决定，报上一级工会备案。

第八条 会员离休、退休和失业，可保留会籍。保留会籍期间免交会费。

工会组织要关心离休、退休和失业会员的生活，积极向有关方面反映他们的愿望和要求。

第二章 组织制度

第九条 中国工会实行民主集中制，主要内容是：

（一）个人服从组织，少数服从多数，下级组织服从上级组织。

（二）工会的各级领导机关，除它们派出的代表机关外，都由民主选举产生。

（三）工会的最高领导机关，是工会的全国代表大会和它所产生的中华全国总工会执行委员会。工会的地方各级领导机关，是工会的地方各级代表大会和它所产生的总工会委员会。

（四）工会各级委员会，向同级会员大会或者会员代表大会负责并报告工作，接受会员监督。会员大会和会员代表大会有权撤换或者罢免其所选举的代表和工会委员会组成人员。

（五）工会各级委员会，实行集体领导和分工负责相结合的制度。凡属重大问题由委员会民主讨论，作出决定，委员会成员根据集体的决定和分工，履行自己的职责。

（六）工会各级领导机关，加强对下级组织的领导和服务，经常向下级组织通报情况，听取下级组织和会员的意见，研究和解决他们提出的问题。下级组织应及时向上级组织请示报告工作。

第十条 工会各级代表大会的代表和委员会的产生，要充分体现选举人的意志。候选人名单，要反复酝酿，充分讨论。选举采用无记名投票方式，可以直接采用候选人数多于应选人数的差额选举办法进行正式选举，也可以先采用差额选举办法进行预选，产生候选人名单，然后进行正式选举。任何组织和个人，不得以任何方式强迫选举人选举或不选举某个人。

第十一条 中国工会实行产业和地方相结合的组织领导原则。同一企业、事业单位、机关和其他社会组织中的会员，组织在一个工会基层组织中；同一行业或者性质相近的几个行业，根据需要建立全国的或者地方的产业工会组织。除少数行政管理体制实行垂直管理的产业，其产业工会实行产业工会和地方工会双重领导，以产业工会领导为主外，其他产业工会均实行以地方工会领导为主，同时接受上级产业工会领导的体制。各产业工会的领导体制，由中华全国总工会确定。

省、自治区、直辖市，设区的市和自治州，县（旗）、自治县、不设区的市建立地方总工会。地方总工会是当地地方工会组织和产业工会地方组织的领导机关。全国建立统一的中华全国总工会。中华全国总工会是各级地方总工会和各产业工会全国组织的领导机关。

中华全国总工会执行委员会委员和产业工会全国委员会委员实行替补制，各级地方总工会委员会委员和地方产业工会委员会委员，也可以实行替补制。

第十二条　县和县以上各级地方总工会委员会，根据工作需要可以派出代表机关。

县和县以上各级工会委员会，在两次代表大会之间，认为有必要时，可以召集代表会议，讨论和决定需要及时解决的重大问题。代表会议代表的名额和产生办法，由召集代表会议的总工会决定。

全国产业工会、各级地方产业工会、乡镇工会和城市街道工会的委员会，可以按照联合制、代表制原则，由下一级工会组织民主选举的主要负责人和适当比例的有关方面代表组成。

上级工会可以派员帮助和指导用人单位的职工组建工会。

第十三条　各级工会代表大会选举产生同级经费审查委员会。中华全国总工会经费审查委员会设常务委员会，省、自治区、直辖市总工会经费审查委员会和独立管理经费的全国产业工会经费审查委员会，应当设常务委员会。经费审查委员会负责审查同级工会组织及其直属企业、事业单位的经费收支和资产管理情况，监督财经法纪的贯彻执行和工会经费的使用，并接受上级工会经费审查委员会的指导和监督。工会经费审查委员会向同级会员大会或会员代表大会负责并报告工作；在大会闭会期间，向同级工会委员会负责并报告工作。

上级经费审查委员会应当对下一级工会及其直属企业、事业单位的经费收支和资产管理情况进行审查。

中华全国总工会经费审查委员会委员实行替补制，各级地方总工会经费审查委员会委员和独立管理经费的产业工会经费审查委员会委员，也可以实行替补制。

第十四条　各级工会建立女职工委员会，表达和维护女职工的合法权益。女职工委员会由同级工会委员会提名，在充分协商的基础上组成或者选举产生，女职工委员会与工会委员会同时建立，在同级工会委员会领导下开展工作。企业工会女职工委员会是县或者县以上妇联的团体会员，通过县以上地方工会接受妇联的业务指导。

第十五条　县和县以上各级工会组织应当建立法律服务机构，为保护职工和工会组织的合法权益提供服务。

各级工会组织应当组织和代表职工开展劳动法律监督。

第十六条　成立或者撤销工会组织，必须经会员大会或者会员代表大会通过，并报上一级工会批准。工会基层组织所在的企业终止，或者所在的事业单位、机关和其他社会组织被撤销，该工会组织相应撤销，并报上级工会备案。其他组织和个人不得随意撤销工会组织，也不得把工会组织的机构撤销、合并或者归属其他工作部门。

第三章　全国组织

第十七条　中国工会全国代表大会，每五年举行一次，由中华全国总工会执行委员会召集。在特殊情况下，由中华全国总工会执行委员会主席团提议，经执行委员会全体会议通过，可以提前或者延期举行。代表名额和代表选举办法由中华全国总工会决定。

第十八条　中国工会全国代表大会的职权是：

（一）审议和批准中华全国总工会执行委员会的工作报告。

（二）审议和批准中华全国总工会执行委员会的经费收支情况报告和经费审查委员会的工作报告。

（三）修改中国工会章程。

（四）选举中华全国总工会执行委员会和经费审查委员会。

第十九条 中华全国总工会执行委员会，在全国代表大会闭会期间，负责贯彻执行全国代表大会的决议，领导全国工会工作。

执行委员会全体会议选举主席一人、副主席若干人、主席团委员若干人，组成主席团。

执行委员会全体会议由主席团召集，每年至少举行一次。

第二十条 中华全国总工会执行委员会全体会议闭会期间，由主席团行使执行委员会的职权。主席团全体会议，由主席召集。

主席团闭会期间，由主席、副主席组成的主席会议行使主席团职权。主席会议由中华全国总工会主席召集并主持。

主席团下设书记处，由主席团在主席团成员中推选第一书记一人，书记若干人组成。书记处在主席团领导下，主持中华全国总工会的日常工作。

第二十一条 产业工会全国组织的设置，由中华全国总工会根据需要确定。

产业工会全国委员会的建立，经中华全国总工会批准，可以按照联合制、代表制原则组成，也可以由产业工会全国代表大会选举产生。全国委员会每届任期五年。任期届满，应当如期召开会议，进行换届选举。在特殊情况下，经中华全国总工会批准，可以提前或者延期举行。

产业工会全国代表大会和按照联合制、代表制原则组成的产业工会全国委员会全体会议的职权是：审议和批准产业工会全国委员会的工作报告；选举产业工会全国委员会或者产业工会全国委员会常务委员会。独立管理经费的产业工会，选举经费审查委员会，并向产业工会全国代表大会或者委员会全体会议报告工作。产业工会全国委员会常务委员会由主席一人、副主席若干人、常务委员若干人组成。

第四章　地方组织

第二十二条　省、自治区、直辖市，设区的市和自治州，县（旗）、自治县、不设区的市的工会代表大会，由同级总工会委员会召集，每五年举行一次。在特殊情况下，由同级总工会委员会提议，经上一级工会批准，可以提前或者延期举行。工会的地方各级代表大会的职权是：

（一）审议和批准同级总工会委员会的工作报告。

（二）审议和批准同级总工会委员会的经费收支情况报告和经费审查委员会的工作报告。

（三）选举同级总工会委员会和经费审查委员会。

各级地方总工会委员会，在代表大会闭会期间，执行上级工会的决定和同级工会代表大会的决议，领导本地区的工会工作，定期向上级总工会委员会报告工作。

根据工作需要，省、自治区总工会可在地区设派出代表机关。直辖市和设区的市总工会在区一级建立总工会。

县和城市的区可在乡镇和街道建立乡镇工会和街道工会组织，具备条件的，建立总工会。

第二十三条　各级地方总工会委员会选举主席一人、副主席若干人、常务委员若干人，组成常务委员会。工会委员会、常务委员会和主席、副主席以及经费审查委员会的选举结果，报上一级总工会批准。

各级地方总工会委员会全体会议，每年至少举行一次，由常务委员会召集。各级地方总工会常务委员会，在委员会全体会议闭会期间，行使委员会的职权。

第二十四条　各级地方产业工会组织的设置，由同级地方总工会根据本地区的实际情况确定。

第五章　基层组织

第二十五条　企业、事业单位、机关和其他社会组织等基层单位，应当依法建立工会组织。社区和行政村可以建立工会组织。从实际出发，建立区域性、行业性工会联合会，推进新经济组织、新社会组织工会组织建设。

有会员二十五人以上的，应当成立工会基层委员会；不足二十五人的，可以单独建立工会基层委员会，也可以由两个以上单位的会员联合建立工会基层委员会，也可以选举组织员或者工会主席一人，主持基层工会工作。工会基层委员会有女会员十人以上的建立女职工委员会，不足十人的设女职工委员。

职工二百人以上企业、事业单位的工会设专职工会主席。工会专职工作人员的人数由工会与企业、事业单位协商确定。

基层工会具备法人条件，依法取得社团法人资格，工会主席为法定代表人。

第二十六条　工会基层组织的会员大会或者会员代表大会，每年至少召开一次。经基层工会委员会或者三分之一以上的工会会员提议，可以临时召开会员大会或者会员代表大会。工会会员在一百人以下的基层工会应当召开会员大会。

工会会员大会或者会员代表大会的职权是：

（一）审议和批准工会基层委员会的工作报告。

（二）审议和批准工会基层委员会的经费收支情况报告和经费审查委员会的工作报告。

（三）选举工会基层委员会和经费审查委员会。

（四）撤换或者罢免其所选举的代表或者工会委员会组成人员。

（五）讨论决定工会工作的重大问题。

工会基层委员会和经费审查委员会每届任期三年至五年，具体任期由会员大会或者会员代表大会决定。任期届满，应当如期召开会议，进行换届选举。在特殊情况下，经上一级工会批准，可以提前或者延期举行。

会员代表大会的代表实行常任制，任期与本单位工会委员会相同。

第二十七条　工会基层委员会的委员，应当在会员或者会员代表充分酝酿协商的基础上选举产生；主席、副主席，可以由会员大会或者会员代表大会直接选举产生，也可以由工会基层委员会选举产生。大型企业、事业单位的工会委员会，根据工作需要，经上级工会委员会批准，可以设立常务委员会。工会基层委员会、常务委员会和主席、副主席以及经费审查委员会的选举结果，报上一级工会批准。

第二十八条　工会基层委员会的基本任务是：

（一）执行会员大会或者会员代表大会的决议和上级工会的决定，主持基层工会的日常工作。

（二）代表和组织职工依照法律规定，通过职工代表大会、厂务公开和其他形式，参加本单位民主管理和民主监督，在公司制企业落实职工董事、职工监事制度。企业、事业单位工会委员会是职工代表大会工作机构，负责职工代表大会的日常工作，检查、督促职工代表大会决议的执行。

（三）参与协调劳动关系和调解劳动争议，与企业、事业单位行政方面建立协商制度，协商解决涉及职工切身利益问题。

帮助和指导职工与企业、事业单位行政方面签订和履行劳动合同，代表职工与企业、事业单位行政方面签订集体合同或者其他专项协议，并监督执行。

（四）组织职工开展劳动和技能竞赛、合理化建议、技能培训、技术革新和技术协作等活动，培育工匠人才，总结推广先进经验。做好劳动模范和先进生产（工作）者的评选、表彰、培养和管理服务工作。

（五）加强对职工的政治引领和思想教育，开展法治宣传教育，重视人文关怀和心理疏导，鼓励支持职工学习文化科学技术和管理知识，开展健康的文化体育活动。推进企业文化职工文化建设，办好工会文化、教育、体育事业。

（六）监督有关法律、法规的贯彻执行。协助和督促行政方面做好工资、安全生产、职业病防治和社会保险等方面的工作，推动落实职工福利待遇。办好职工集体福利事业，改善职工生活，对困难职工开展帮扶。依法参与生产安全事故和职业病危害事故的调查处理。

（七）维护女职工的特殊利益，同歧视、虐待、摧残、迫害女职工的现象作斗争。

（八）搞好工会组织建设，健全民主制度和民主生活。建立和发展工会积极分子队伍。做好会员的发展、接收、教育和会籍管理工作。加强职工之家建设。

（九）收好、管好、用好工会经费，管理好工会资产和工会的企业、事业。

第二十九条　教育、科研、文化、卫生、体育等事业单位和机关工会，从脑力劳动者比较集中的特点出发开展工作，积极了解和关心职工的思想、工作和生活，推动党的知识分子政策的贯彻落实。组织职工搞好本单位的民主管理和民主监督，为发挥职工的聪明才智，创造良好的条件。

第三十条 工会基层委员会根据工作需要，可以在分厂、车间（科室）建立分厂、车间（科室）工会委员会。分厂、车间（科室）工会委员会由分厂、车间（科室）会员大会或者会员代表大会选举产生，任期和工会基层委员会相同。

工会基层委员会和分厂、车间（科室）委员会，可以根据需要设若干专门委员会或者专门小组。

按照生产（行政）班组建立工会小组，民主选举工会小组长，积极开展工会小组活动。

第六章 工会干部

第三十一条 各级工会组织按照革命化、年轻化、知识化、专业化的要求，努力建设一支坚持党的基本路线，熟悉本职业务，热爱工会工作，受到职工信赖的干部队伍。

第三十二条 工会干部要努力做到：

（一）认真学习马克思列宁主义、毛泽东思想、邓小平理论、“三个代表”重要思想、科学发展观、习近平新时代中国特色社会主义思想，学习政治、经济、历史、文化、科技、法律和工会业务等知识，提高政治能力，增强群众工作本领。

（二）执行党的基本路线和各项方针政策，遵守国家法律、法规，在改革开放和社会主义现代化建设中勇于开拓创新。

（三）信念坚定，忠于职守，勤奋工作，敢于担当，廉洁奉公，顾全大局，维护团结。

（四）坚持实事求是，认真调查研究，如实反映职工的意见、愿望和要求。

（五）坚持原则，不谋私利，热心为职工说话办事，依法维护职工的合法权益。

（六）作风民主，联系群众，增强群众意识和群众感情，自觉接受职工群众的批评和监督。

第三十三条 各级工会组织根据有关规定管理工会干部，重视发现培养和选拔优秀年轻干部、女干部、少数民族干部，成为培养干部的重要基地。

基层工会主席、副主席任期未满不得随意调动其工作。因工作需要调动时，应事先征得本级工会委员会和上一级工会同意。

第三十四条 各级工会组织建立与健全干部培训制度。办好工会干部院校和各种培训班。

第三十五条 各级工会组织关心工会干部的思想、学习和生活，督促落实相应的待遇，支持他们的工作，坚决同打击报复工会干部的行为作斗争。

县和县以上工会设立工会干部权益保障金，保障工会干部依法履行职责。

县和县以上工会可以为基层工会选派、聘用工作人员。

第七章 工会经费和资产

第三十六条 工会经费的来源：

（一）会员交纳的会费。

（二）企业、事业单位、机关和其他社会组织按全部职工工资总额的百分之二向工会拨缴的经费或者建会筹备金。

（三）工会所属的企业、事业单位上缴的收入。

（四）人民政府和企业、事业单位、机关和其他社会组织的补助。

（五）其他收入。

第三十七条 工会经费主要用于为职工服务和开展工会活动。各级工会组织应坚持正确使用方向，加强预算管理，优化支出结构，开展监督检查。

第三十八条 县和县以上各级工会应当与税务、财政等有关部门合作，依照规定做好工会经费收缴和应当由财政负担的工会经费拨缴工作。

未成立工会的企业、事业单位、机关和其他社会组织，按工资总额的百分之二向上级工会拨缴工会建会筹备金。

具备社团法人资格的工会应当依法设立独立经费账户。

第三十九条 工会资产是社会团体资产，中华全国总工会对各级工会的资产拥有终极所有权。各级工会依法依规加强对工会资产的监督、管理，保护工会资产不受损害，促进工会资产保值增值。根据经费独立原则，建立预算、决算、资产监管和经费审查监督制度。实行“统一领导、分级管理”的财务体制、“统一所有、分级监管、单位使用”的资产监管体制和“统一领导、分级管理、分级负责、下审一级”的经费审查监督体制。工会经费、资产的管理和使用办法以及工会经费审查监督制度，由中华全国总工会制定。

第四十条 各级工会委员会按照规定编制和审批预算、决算，定期向会员大会或者会员代表大会和上一级工会委员会报告经费收支和资产管理情况，接受上级和同级工会经费审查委员会审查监督。

第四十一条 工会经费、资产和国家及企业、事业单位等拨给工会的不动产和拨付资金形成的资产受法律保护，任何单位和个人不得侵占、挪用和任意调拨；不经批准，不得改变工会所属企业、事业单位的隶属关系和产权关系。

工会组织合并，其经费资产归合并后的工会所有；工会组织撤销或者解散，其经费资产由上级工会处置。

第八章　会　徽

第四十二条　中国工会会徽，选用汉字“中”、“工”两字，经艺术造型呈圆形重叠组成，并在两字外加一圆线，象征中国工会和中国工人阶级的团结统一。会徽的制作标准，由中华全国总工会规定。

第四十三条　中国工会会徽，可在工会办公地点、活动场所、会议会场悬挂，可作为纪念品、办公用品上的工会标志，也可以作为徽章佩戴。

第九章　附　则

第四十四条　本章程解释权属于中华全国总工会。

工会会议记录

□主题：

□时间：　　　　　□地点：

□人员：

□内容：

工会会议记录

□主题:

□时间:　　□地点:

□人员:

□内容:

工会会议记录

□主题：

□时间：　　　　　　　　□地点：

□人员：

□内容：

工会会议记录

□主题：

□时间：　　　　□地点：

□人员：

□内容：

工会会议记录

□主题：

□时间：　　　　　　　　□地点：

□人员：

□内容：

学习培训记录

□主题：

□时间：　　　　□地点：　　　　□主讲人：

□主要内容：

□心得体会：

学习培训记录

□主题：

□时间：　　　　　□地点：　　　　　□主讲人：

□主要内容：

□心得体会：

学习培训记录

□主题：

□时间：　　　　　□地点：　　　　　□主讲人：

□主要内容：

□心得体会：

学习培训记录

□主题：

□时间：　　　　□地点：　　　　□主讲人：

□主要内容：

□心得体会：

学习培训记录

□主题：

□时间：　　□地点：　　□主讲人：

□主要内容：

□心得体会：

日	一	二	三	四	五	六

Memo No.

Date / /

日	一	二	三	四	五	六

Memo No. ________

Date / /

日	一	二	三	四	五	六

Memo No.
Date / /

日	一	二	三	四	五	六

Memo No. ______

Date / /

日	一	二	三	四	五	六

Memo No. ________

Date / /

日	一	二	三	四	五	六

Memo No. ____

Date / /

日	一	二	三	四	五	六

Memo No. ____________

Date　　/　　/

日	一	二	三	四	五	六

Memo No. ________

Date / /

日	一	二	三	四	五	六

Memo No.

Date / /

日	一	二	三	四	五	六

Memo No.
Date / /

日	一	二	三	四	五	六

Memo No. ______
Date / /

日	一	二	三	四	五	六

Memo No. ____________

Date / /

日	一	二	三	四	五	六

Memo No. ________
Date　/　/

日	一	二	三	四	五	六

Memo No. ____________
Date / /

日	一	二	三	四	五	六

Memo No.
Date / /

日	一	二	三	四	五	六

Memo No. ________

Date / /

日	一	二	三	四	五	六

Memo No. ____________
Date　　/　　/

日	一	二	三	四	五	六

Memo No. ____________

Date   /   /

日	一	二	三	四	五	六

Memo No. ____________
Date　　/　　/

日	一	二	三	四	五	六

Memo No. ______

Date / /

日	一	二	三	四	五	六

Memo No. ________

Date / /

日	一	二	三	四	五	六

Memo No. ______

Date / /

日	一	二	三	四	五	六

Memo No.
Date / /

日	一	二	三	四	五	六

Memo No. ____________

Date / /

日	一	二	三	四	五	六

Memo No. ________

Date / /

日	一	二	三	四	五	六

Memo No. ____________
Date / /

日	一	二	三	四	五	六

Memo No. ________

Date　　/　　/

日	一	二	三	四	五	六

Memo No. ____________

Date / /

日	一	二	三	四	五	六

Memo No. ________

Date　　/　　/

日	一	二	三	四	五	六

Memo No. ________

Date　　/　　/

日	一	二	三	四	五	六

Memo No. ____________

Date / /

日	一	二	三	四	五	六

Memo No. ______

Date / /

日	一	二	三	四	五	六

Memo No. ________

Date / /

日	一	二	三	四	五	六

Memo No. ________
Date / /

日	一	二	三	四	五	六

Memo No. ________

Date / /

日	一	二	三	四	五	六

Memo No. ________

Date / /

日	一	二	三	四	五	六

Memo No. ________

Date / /

日	一	二	三	四	五	六

Memo No. ________
Date / /

日	一	二	三	四	五	六

Memo No. ________

Date　　/　　/

日	一	二	三	四	五	六

Memo No. ______

Date / /

日	一	二	三	四	五	六

Memo No.
Date / /

日	一	二	三	四	五	六

Memo No. ____________
Date / /

日	一	二	三	四	五	六

Memo No. ______

Date / /

日	一	二	三	四	五	六

Memo No. ____________
Date / /

日	一	二	三	四	五	六

Memo No. ________

Date　　/　　/

日	一	二	三	四	五	六

Memo No. ____________
Date / /

日	一	二	三	四	五	六

Memo No. ________
Date / /

日	一	二	三	四	五	六

Memo No. ____________

Date   /   /

日	一	二	三	四	五	六

Memo No.

Date / /

日	一	二	三	四	五	六

Memo No. ____________
Date   /   /

日	一	二	三	四	五	六

Memo No. ____________

Date　　/　　/

日	一	二	三	四	五	六

Memo No. ____________
Date   /   /

日	一	二	三	四	五	六

Memo No. ______

Date / /

日	一	二	三	四	五	六

Memo No. ________

Date　　/　　/

日	一	二	三	四	五	六

Memo No.
Date / /

日	一	二	三	四	五	六

Memo No. ____________
Date / /

日	一	二	三	四	五	六

Memo No.
Date / /

日	一	二	三	四	五	六

Memo No. ________

Date / /

日	一	二	三	四	五	六

Memo No. ____________
Date / /

日	一	二	三	四	五	六

Memo No.
Date / /

日	一	二	三	四	五	六

Memo No. ________

Date　　/　　/

日	一	二	三	四	五	六

Memo No.

Date / /

日	一	二	三	四	五	六

Memo No. ________

Date / /

日	一	二	三	四	五	六

Memo No. ________

Date　/　/

日	一	二	三	四	五	六

Memo No.

Date / /

日	一	二	三	四	五	六

Memo No. ________

Date / /

日	一	二	三	四	五	六

Memo No.

Date / /

日	一	二	三	四	五	六

Memo No. ________

Date / /

日	一	二	三	四	五	六

Memo No. ________
Date / /

日	一	二	三	四	五	六

Memo No. ____________

Date / /

日	一	二	三	四	五	六

Memo No. ______

Date / /

日	一	二	三	四	五	六

Memo No. ____________

Date　　/　　/

日	一	二	三	四	五	六

Memo No. ________
Date / /

日	一	二	三	四	五	六

Memo No. ________

Date / /

日	一	二	三	四	五	六

Memo No.
Date / /

日	一	二	三	四	五	六

Memo No.
Date / /

日	一	二	三	四	五	六

Memo No. ____________
Date　　/　　/

日	一	二	三	四	五	六

Memo No. ________

Date / /

日	一	二	三	四	五	六

Memo No.

Date / /

日	一	二	三	四	五	六

Memo No. ____________
Date / /

日	一	二	三	四	五	六

Memo No. ______

Date / /

日	一	二	三	四	五	六

Memo No. ____________

Date　　/　　/

日	一	二	三	四	五	六

Memo No.
Date / /

日	一	二	三	四	五	六

Memo No. ______

Date / /

日	一	二	三	四	五	六

Memo No.

Date / /

日	一	二	三	四	五	六

Memo No. ______

Date / /

日	一	二	三	四	五	六

Memo No.
Date / /

日	一	二	三	四	五	六

Memo No. ______

Date　　/　　/

日	一	二	三	四	五	六

Memo No.
Date / /

日	一	二	三	四	五	六

Memo No. ________
Date / /

日	一	二	三	四	五	六

Memo No. ________
Date / /

日	一	二	三	四	五	六

Memo No. ____________

Date / /

日	一	二	三	四	五	六

Memo No.
Date / /

日	一	二	三	四	五	六

Memo No. ____________

Date   /   /

日	一	二	三	四	五	六

Memo No. ____________
Date / /

日	一	二	三	四	五	六

Memo No. ____________
Date / /

日	一	二	三	四	五	六

Memo No. ________
Date / /

日	一	二	三	四	五	六

Memo No.
Date / /

日	一	二	三	四	五	六

Memo No. ____________
Date / /

日	一	二	三	四	五	六

Memo No.
Date / /

日	一	二	三	四	五	六

Memo No. ______

Date / /

日	一	二	三	四	五	六

Memo No. ______

Date / /

日	一	二	三	四	五	六

Memo No. ______

Date / /

日	一	二	三	四	五	六

Memo No.

Date / /

日	一	二	三	四	五	六

Memo No.

Date / /

日	一	二	三	四	五	六

Memo No. ________

Date / /

日	一	二	三	四	五	六

Memo No.
Date / /

日	一	二	三	四	五	六

Memo No. ____________
Date / /

日	一	二	三	四	五	六

Memo No. ____________
Date / /

日	一	二	三	四	五	六

Memo No. ____________

Date　　/　　/

日	一	二	三	四	五	六

Memo No.

Date / /

日	一	二	三	四	五	六

Memo No. ________

Date / /

日	一	二	三	四	五	六

Memo No. ________
Date / /

日	一	二	三	四	五	六

Memo No. ____________

Date / /

日	一	二	三	四	五	六

Memo No. ____________

Date / /

日	一	二	三	四	五	六

Memo No. ________

Date / /

日	一	二	三	四	五	六

Memo No.
Date / /

日	一	二	三	四	五	六

Memo No.

Date / /

日	一	二	三	四	五	六

Memo No. ________

Date　/　/

日	一	二	三	四	五	六

Memo No. ________

Date / /

日	一	二	三	四	五	六

Memo No. ____________

Date　　/　　/

日	一	二	三	四	五	六

Memo No. ____________

Date / /

日	一	二	三	四	五	六

Memo No. ______

Date / /

日	一	二	三	四	五	六

Memo No. ________

Date　　/　　/

日	一	二	三	四	五	六

Memo No. ________
Date / /

日	一	二	三	四	五	六

Memo No. __________

Date / /

日	一	二	三	四	五	六

Memo No. ______
Date / /

日	一	二	三	四	五	六

Memo No. ______

Date / /

日	一	二	三	四	五	六

Memo No.
Date / /

日	一	二	三	四	五	六

Memo No.

Date / /

日	一	二	三	四	五	六

Memo No. ________
Date / /

日	一	二	三	四	五	六

Memo No. ________
Date / /

日	一	二	三	四	五	六

Memo No. ____________

Date　　/　　/

日	一	二	三	四	五	六

Memo No. ____________

Date / /

日	一	二	三	四	五	六

Memo No.
Date / /

日	一	二	三	四	五	六

Memo No. ________

Date / /

日	一	二	三	四	五	六

Memo No. ________

Date / /

日	一	二	三	四	五	六

Memo No. ________

Date / /

日	一	二	三	四	五	六

Memo No. ______

Date / /

日	一	二	三	四	五	六

Memo No. ____________

Date / /

日	一	二	三	四	五	六

Memo No. ______

Date / /

日	一	二	三	四	五	六

Memo No.
Date / /

日	一	二	三	四	五	六

Memo No. ____________

Date / /

日	一	二	三	四	五	六

Memo No. ________
Date / /

日	一	二	三	四	五	六

Memo No. ______

Date / /

日	一	二	三	四	五	六

Memo No. ______

Date / /

日	一	二	三	四	五	六

Memo No. ______

Date / /

日	一	二	三	四	五	六

Memo No. ____________
Date　　/　　/

日	一	二	三	四	五	六

Memo No. ____________

Date   /   /

日	一	二	三	四	五	六

Memo No. __________

Date / /

日	一	二	三	四	五	六

Memo No. ____________

Date　　/　　/

日	一	二	三	四	五	六

Memo No. ____________

Date　　/　　/

日	一	二	三	四	五	六

Memo No. ____________
Date / /

日	一	二	三	四	五	六

Memo No. ____________

Date   /   /

日	一	二	三	四	五	六

Memo No. ________
Date / /

日	一	二	三	四	五	六

Memo No.
Date / /

重要日期备忘录

□时间:　　　　年　　月　　日　　星期

□事项:

□时间:　　　　年　　月　　日　　星期

□事项:

□时间:　　　　年　　月　　日　　星期

□事项:

□时间: 年 月 日 星期

□事项:

□时间: 年 月 日 星期

□事项:

□时间: 年 月 日 星期

□事项:

□时间: 年 月 日 星期

□事项:

□时间: 年 月 日 星期

□事项:

□时间： 年 月 日 星期

□事项：

□时间： 年 月 日 星期

□事项：

□时间： 年 月 日 星期

□事项：

□时间： 年 月 日 星期

□事项：

□时间： 年 月 日 星期

□事项：

□时间：　　　　年　　月　　日　　　星期

□事项：

□时间：　　　　年　　月　　日　　　星期

□事项：

□时间：　　　　年　　月　　日　　　星期

□事项：

□时间：　　　　年　　月　　日　　　星期

□事项：

□时间：　　　　年　　月　　日　　　星期

□事项：

重要事件备忘录

□时间：　　　　年　　月　　日　　星期

□事件摘要：

□时间：　　　　年　　月　　日　　星期

□事件摘要：

□时间：　　　　年　　月　　日　　星期

□事件摘要：

□时间：　　　　年　　月　　日　　星期

□事件摘要：

□时间：　　　　年　　月　　日　　星期

□事件摘要：

□时间：　　　　年　　月　　日　　　星期

□事件摘要：

□时间：　　　　年　　月　　日　　　星期

□事件摘要：

□时间：　　　　年　　月　　日　　　星期

□事件摘要：

□时间：　　　　年　　月　　日　　星期

□事件摘要：

□时间：　　　　年　　月　　日　　星期

□事件摘要：

□时间：　　　　年　　月　　日　　星期

□事件摘要：

通讯录

□姓名:	□单位:
□电话:	□传真:
□手机:	□ QQ:
□邮箱:	□微信:
□地址:	
□备注:	

□姓名:	□单位:
□电话:	□传真:
□手机:	□ QQ:
□邮箱:	□微信:
□地址:	
□备注:	

□姓名:	□单位:
□电话:	□传真:
□手机:	□ QQ:
□邮箱:	□微信:
□地址:	
□备注:	

■通讯录

□姓名:	□单位:
□电话:	□传真:
□手机:	□ QQ:
□邮箱:	□微信:
□地址:	
□备注:	

□姓名:	□单位:
□电话:	□传真:
□手机:	□ QQ:
□邮箱:	□微信:
□地址:	
□备注:	

□姓名:	□单位:
□电话:	□传真:
□手机:	□ QQ:
□邮箱:	□微信:
□地址:	
□备注:	

通讯录

□姓名： □单位：
□电话： □传真：
□手机： □ QQ：
□邮箱： □微信：
□地址：
□备注：

□姓名： □单位：
□电话： □传真：
□手机： □ QQ：
□邮箱： □微信：
□地址：
□备注：

□姓名： □单位：
□电话： □传真：
□手机： □ QQ：
□邮箱： □微信：
□地址：
□备注：

2019

农历己亥年

January

S	M	T	W	T	F	S
		1	2	3	4	5
6	7	8	9	10	11	12
13	14	15	16	17	18	19
20	21	22	23	24	25	26
27	28	29	30	31		

February

S	M	T	W	T	F	S
					1	2
3	4	5	6	7	8	9
10	11	12	13	14	15	16
17	18	19	20	21	22	23
24	25	26	27	28		

March

S	M	T	W	T	F	S
31					1	2
3	4	5	6	7	8	9
10	11	12	13	14	15	16
17	18	19	20	21	22	23
24	25	26	27	28	29	30

April

S	M	T	W	T	F	S
	1	2	3	4	5	6
7	8	9	10	11	12	13
14	15	16	17	18	19	20
21	22	23	24	25	26	27
28	29	30				

May

S	M	T	W	T	F	S
			1	2	3	4
5	6	7	8	9	10	11
12	13	14	15	16	17	18
19	20	21	22	23	24	25
26	27	28	29	30	31	

June

S	M	T	W	T	F	S
30						1
2	3	4	5	6	7	8
9	10	11	12	13	14	15
16	17	18	19	20	21	22
23	24	25	26	27	28	29

July

S	M	T	W	T	F	S
	1	2	3	4	5	6
7	8	9	10	11	12	13
14	15	16	17	18	19	20
21	22	23	24	25	26	27
28	29	30	31			

August

S	M	T	W	T	F	S
				1	2	3
4	5	6	7	8	9	10
11	12	13	14	15	16	17
18	19	20	21	22	23	24
25	26	27	28	29	30	31

September

S	M	T	W	T	F	S
1	2	3	4	5	6	7
8	9	10	11	12	13	14
15	16	17	18	19	20	21
22	23	24	25	26	27	28
29	30					

October

S	M	T	W	T	F	S
		1	2	3	4	5
6	7	8	9	10	11	12
13	14	15	16	17	18	19
20	21	22	23	24	25	26
27	28	29	30	31		

November

S	M	T	W	T	F	S
					1	2
3	4	5	6	7	8	9
10	11	12	13	14	15	16
17	18	19	20	21	22	23
24	25	26	27	28	29	30

December

S	M	T	W	T	F	S
1	2	3	4	5	6	7
8	9	10	11	12	13	14
15	16	17	18	19	20	21
22	23	24	25	26	27	28
29	30	31				

2020

农历庚子年

January

S	M	T	W	T	F	S
			1	2	3	4
5	6	7	8	9	10	11
12	13	14	15	16	17	18
19	20	21	22	23	24	25
26	27	28	29	30	31	

February

S	M	T	W	T	F	S
						1
2	3	4	5	6	7	8
9	10	11	12	13	14	15
16	17	18	19	20	21	22
23	24	25	26	27	28	29

March

S	M	T	W	T	F	S
1	2	3	4	5	6	7
8	9	10	11	12	13	14
15	16	17	18	19	20	21
22	23	24	25	26	27	28
29	30	31				

April

S	M	T	W	T	F	S
			1	2	3	4
5	6	7	8	9	10	11
12	13	14	15	16	17	18
19	20	21	22	23	24	25
26	27	28	29	30		

May

S	M	T	W	T	F	S
31					1	2
3	4	5	6	7	8	9
10	11	12	13	14	15	16
17	18	19	20	21	22	23
24	25	26	27	28	29	30

June

S	M	T	W	T	F	S
	1	2	3	4	5	6
7	8	9	10	11	12	13
14	15	16	17	18	19	20
21	22	23	24	25	26	27
28	29	30				

July

S	M	T	W	T	F	S
			1	2	3	4
5	6	7	8	9	10	11
12	13	14	15	16	17	18
19	20	21	22	23	24	25
26	27	28	29	30	31	

August

S	M	T	W	T	F	S
30	31					1
2	3	4	5	6	7	8
9	10	11	12	13	14	15
16	17	18	19	20	21	22
23	24	25	26	27	28	29

September

S	M	T	W	T	F	S
		1	2	3	4	5
6	7	8	9	10	11	12
13	14	15	16	17	18	19
20	21	22	23	24	25	26
27	28	29	30			

October

S	M	T	W	T	F	S
				1	2	3
4	5	6	7	8	9	10
11	12	13	14	15	16	17
18	19	20	21	22	23	24
25	26	27	28	29	30	31

November

S	M	T	W	T	F	S
1	2	3	4	5	6	7
8	9	10	11	12	13	14
15	16	17	18	19	20	21
22	23	24	25	26	27	28
29	30					

December

S	M	T	W	T	F	S
		1	2	3	4	5
6	7	8	9	10	11	12
13	14	15	16	17	18	19
20	21	22	23	24	25	26
27	28	29	30	31		

2021

农历辛丑年

January

S	M	T	W	T	F	S
31					1	2
3	4	5	6	7	8	9
10	11	12	13	14	15	16
17	18	19	20	21	22	23
24	25	26	27	28	29	30

February

S	M	T	W	T	F	S
	1	2	3	4	5	6
7	8	9	10	11	12	13
14	15	16	17	18	19	20
21	22	23	24	25	26	27
28						

March

S	M	T	W	T	F	S
	1	2	3	4	5	6
7	8	9	10	11	12	13
14	15	16	17	18	19	20
21	22	23	24	25	26	27
28	29	30	31			

April

S	M	T	W	T	F	S
				1	2	3
4	5	6	7	8	9	10
11	12	13	14	15	16	17
18	19	20	21	22	23	24
25	26	27	28	29	30	

May

S	M	T	W	T	F	S
30	31					1
2	3	4	5	6	7	8
9	10	11	12	13	14	15
16	17	18	19	20	21	22
23	24	25	26	27	28	29

June

S	M	T	W	T	F	S
		1	2	3	4	5
6	7	8	9	10	11	12
13	14	15	16	17	18	19
20	21	22	23	24	25	26
27	28	29	30			

July

S	M	T	W	T	F	S
				1	2	3
4	5	6	7	8	9	10
11	12	13	14	15	16	17
18	19	20	21	22	23	24
25	26	27	28	29	30	31

August

S	M	T	W	T	F	S
1	2	3	4	5	6	7
8	9	10	11	12	13	14
15	16	17	18	19	20	21
22	23	24	25	26	27	28
29	30	31				

September

S	M	T	W	T	F	S
			1	2	3	4
5	6	7	8	9	10	11
12	13	14	15	16	17	18
19	20	21	22	23	24	25
26	27	28	29	30		

October

S	M	T	W	T	F	S
31					1	2
3	4	5	6	7	8	9
10	11	12	13	14	15	16
17	18	19	20	21	22	23
24	25	26	27	28	29	30

November

S	M	T	W	T	F	S
	1	2	3	4	5	6
7	8	9	10	11	12	13
14	15	16	17	18	19	20
21	22	23	24	25	26	27
28	29	30	31			

December

S	M	T	W	T	F	S
			1	2	3	4
5	6	7	8	9	10	11
12	13	14	15	16	17	18
19	20	21	22	23	24	25
26	27	28	29	30	31	

图书在版编目（CIP）数据

中国工会十七大精神学习手册／中华全国总工会编．
—北京：中国工人出版社，2018.11
ISBN 978-7-5008-6828-6
Ⅰ．①中…　Ⅱ．①中…　Ⅲ．①中国工会代表大会—
文件—学习参考资料　Ⅳ．① D412.3
中国版本图书馆 CIP 数据核字（2018）第 255625 号

中国工会十七大精神学习手册

出 版 人　王娇萍
责任编辑　赵晨羽
责任校对　孙逦伟
责任印制　栾征宇
出版发行　中国工人出版社
地　　址　北京市东城区鼓楼外大街 45 号　邮编：100120
网　　址　http://www.wp-china.com
电　　话　（010）62005043（总编室）
（010）62005039（出版物流部）
（010）82075935（工会与劳动关系分社）
发行热线　（010）62004002
（010）82081553（传真）
经　　销　各地书店
印　　刷　三河市万龙印装有限公司
开　　本　787 毫米 ×1092 毫米　1/32
印　　张　7.25
字　　数　30 千字
版　　次　2018 年 11 月第 1 版　2019 年 2 月第 3 次印刷
定　　价　38.00 元

全国工会电子职工书屋

中国工人出版社天猫旗舰店

中国工人出版社微信

ISBN 978-7-5008-6828-6

9 787500 868286 >

定价：38.00元

ISBN 978-7-5008-6828-6/D · 1251